Una visión del ministerio pastoral

Richard R. Gaillardetz

One Liguori Drive ▼ Liguori, MO 63057-9999

Imprimi Potest:
Richard Thibodeau, C.Ss.R.
Provincial de la Provincia de Denver
Los Redentoristas

ISBN 0-7648-1086-3
Número de la tarjeta de la Biblioteca
del Congreso: 2003100365
Propiedad Literaria © 2004, Libros Liguori
Impreso en Estados Unidos
04 05 06 07 08 5 4 3 2 1

Todas las citas bíblicas han sido tomadas de la *Biblia de América*, cuarta edición, 1994.

Para pedidos, llame al 1-800-325-9521
www.liguori.org

Índice

✠ ✠ ✠

Acerca del autor

El Dr. Richard R. Gaillardetz es director del departamento *Catholic Studies* el cual fue establecido en honor de *Margaret and Thomas Murray and James J. Bacik Endowed* en *University of Toledo*, esta universidad se localiza en el estado de Ohio, USA. El Dr. Gaillardetz ha publicado varios artículos, incluyendo *A Daring Promise: A Spirituality of Christian Marriage* (Crossroad, 2002). Actualmente es el delegado católico en *Catholic-Methodist Dialogue*. En el año 2000 recibió el reconocimiento *Sophia* de parte de *Washington Theological Union* en reconocimiento a la "excelencia teológica al servicio del ministerio". El Dr. Gaillardetz es conferencista en temas teológicos y pastorales. Él está casado y es padre de cuatro niños.

Introducción

✠ ✠ ✠

En las cuatro décadas que han pasado desde el Concilio Vaticano II, en la Iglesia surgió un gran número de ministerios. Aquí en los Estados Unidos la Iglesia católica puso en práctica la enseñanza del Concilio acerca de reafirmar la dignidad de todas las personas bautizadas y su derecho y responsabilidad de participar además de las actividades de la Iglesia en la vida misma de la Iglesia. Muchas parroquias dan testimonio de una maravillosa abundancia de ministerios, algunos de ellos coordinados por profesionales quienes reciben un salario pero también hay muchos otros ministerios coordinados por voluntarios, personas que están comprometidas con su vocación cristiana de servicio recibida en su bautismo. El desarrollo de estos ministerios es una gran bendición para la Iglesia. Sin embargo, conforme nuestra actitud y pensamiento que valora sobre todo la utilidad y el valor práctico de las cosas, hemos tendido a actuar antes de reflexionar. Ya que puede resultar peligroso actuar antes de entender el significado de nuestros actos, pudiera ser buena idea examinar las bases teológicas y espirituales de la obra pastoral de los ministros.

Me gustaría comenzar con la exploración de dos grandes temas que forman parte de la tradición cristiana. El primero se basa en el encuentro que tenemos con Dios en Jesús y por medio del Espíritu como la superabundancia de amor. El segundo tema sostiene que fuimos creados a imagen y semejanza de Dios y que, por lo tanto, descubrimos nuestra naturaleza cuando podemos compartir de esta superabundancia de amor. En la segunda parte de este librito voy a explorar la manera en que estos temas pueden ayudarnos a entender mejor el trabajo pastoral que hacemos.

Imaginando a Dios

✠ ✠ ✠

Casi todos los cristianos creen en la doctrina de la Trinidad. Sin embargo, pocos dirían que la entienden. Muchos son los sacerdotes, padres y catequistas perplejos que solemnemente llegan a decir: "Después de todo, ¡es un misterio!" Pero la verdad es que no es ningún misterio. Dios es el único, el misterio incomprensible. La doctrina de la Iglesia supuestamente nos ayuda a entender, aunque de manera imperfecta, algo esencialmente verdadero acerca de que Dios es un misterio. De modo que cuando decimos que una doctrina es un misterio, particularmente uno tan importante como la Trinidad, estamos quitándonos la oportunidad de comprender más a fondo la naturaleza de Dios que se comunica con nosotros por medio de la palabra y el Espíritu. Como dice en el Directorio General para la Catequesis:

La presentación del ser íntimo de Dios revelado por Jesús, uno en esencia y trino en personas, mostrará las implicaciones vitales para la vida de los seres humanos... Las implicaciones humanas y sociales de la concepción cristiana de Dios son inmensas.[1]

Para muchos, las "implicaciones humanas y sociales" de esta doctrina no pueden ser percibidas debido a especulaciones pretenciosas que no tienen nada que ver con la vida cotidiana. Y sin embargo, si hacemos a un lado todo el lenguaje teológico, vemos que la doctrina de la Trinidad trata fundamentalmente la manera en que nos imaginamos a Dios en relación con nuestras vidas.

Nuestra tradición católica tiene una magnífica herencia intelectual en la que algunas de las mentes más avanzadas que el mundo ha conocido han aportado grandes ideas sobre la naturaleza de Dios. Una larga lista de términos ha surgido de estas ideas. Desafortunadamente, este sistema cognitivo ha resultado en la formulación de claras y precisas declaraciones sobre Dios, lo cual ha creado dos problemas. Primero, el uso de términos técnicos ha resultado en que solamente los teólogos y el clero dialoguen sobre Dios. La mayoría de los creyentes bautizados o laicos como a veces se les llama han tendido a sentirse incapaces de tomar parte en estas discusiones tan intelectuales. Segundo, el énfasis en formular declaraciones precisas de alguna manera evita el uso de nuestra imaginación, que es la forma en como nuestra creencia en Dios toma forma ya sea por historias o imágenes e igualmente por el "lenguaje técnico".

Piense en desacuerdos que usted ha tenido con amigos, miembros de la familia o con otros feligreses. ¿Se ha visto en la extraña situación de creer en lo mismo que otra persona (por ejemplo, en Jesús o en la importancia de los sacramentos) sin aún así no poder llegar a una conclusión que los satisfaga a los dos? Estoy convencido de que muchos de nuestros desacuerdos religiosos no son sobre puntos de doctrina sino sobre algo más fundamental: diferentes maneras de imaginar a Dios. Muchos cristianos que

profesan la misma fe y doctrinas usan la
imaginación para expresar su fe de maneras
fundamentalmente diferentes. Estos cristianos difieren en la manera en la que creen
que Dios se expresa en el mundo. Veamos
dos modelos.

Dios como ser sobrenatural

El punto de vista más común estipula que
Dios es otro ser individual en el gran universo. Según este modelo, la distinción y la
distancia es demasiada entre Dios y el mundo. Esto se demuestra mediante una gran
gama de metáforas. Dios es Rey, Señor, Amo
del Universo, Padre-Patriarca. Esta serie de
metáforas enfatiza el poder y soberanía de
Dios, pero también fomentan la idea de que
Dios es un ser sobrenatural que vive en el
Cielo.

Estas imágenes de Dios nos pueden ayudar en nuestra espiritualidad, pero su sentido original en la Biblia era diferente. En el
judaísmo antiguo, el Pueblo de Dios estaba
convencido de que tenía una Alianza irrevo-
cable con Dios, y continuamente recibieron

las bendiciones y misericordia del amor divino. El pueblo de Israel sabía que Dios estaba de su lado. Los primeros cristianos aceptaban esto, pero profesaban que el Dios de la Alianza se hallaba en forma inmejorable y única en Jesús de Nazaret por medio del Espíritu de Dios. La doctrina de la Trinidad que surgió al cabo de varios siglos no fue una serie de postulados abstractos sino una expresión formal de su encuentro con Jesús de Nazaret, la Palabra de Dios dirigida y escuchada en la historia de la humanidad y recibida en el Espíritu.

En los siglos posteriores esta idea acerca de la Trinidad como una expresión de la experiencia cristiana acerca de Dios que salva se vería opacada. Fue reemplazada gradualmente por la especulación abstracta acerca de la vida interior de Dios, que volvió irrelevante la doctrina de la Trinidad. Dios era adorado como un ser que vivía en un cielo muy lejano, y no como Dios que se puede encontrar en la vida diaria como amor abundante. Las cosas empeoraron en los siglos diecisiete y dieciocho, durante este tiempo llamado la Ilustración o Siglo de las Luces surgieron convicciones filosóficas acerca de que toda discusión acerca de Dios debía de atenerse a la lógica y la razón. El resultado inesperado de esto fue que el Dios bíblico en la persona de Jesucristo se transformó en un ser supremo abstracto y primera causa. Dios empezaba a ser imaginado más y más como un ser individual, un principio divino muy diferente al mundo. Los cristianos siguieron hablando de Dios usando términos e imágenes tradicionales, pero no pudieron resistir la influencia de la Ilustración.

Irónicamente los cristianos fundamentalistas que a principios del siglo veinte rechazaron algunas ideas surgidas durante la Ilustración y decidieron volver a las imágenes tradicionales bíblicas, a pesar de esto terminaron adoptando en su mayoría el contexto básico de la Ilustración. Aunque todavía concebido como Padre, Hijo y Espíritu Santo, el Dios de muchos cristianos se ha convertido en una especie de divino *Santa Claus* que no vive en nuestro mundo pero quien siempre está listo a responder nuestras oraciones en el momento en que las hacemos y además mejorar las cosas. En el diagrama a continuación podemos visualizar esta manera de imaginar a Dios en el papel de ser supremo.

Esta manera de imaginar a Dios es la que predomina en el cristianismo popular, lo que ha tenido varias serias consecuencias en la vida cristiana.

Primero, si Dios es un ser individual en medio de otros seres, otro individuo en la gran casa de la realidad, entonces Dios inevitablemente tendrá que competir por mi amor y atención. Toda mi vida será una lucha entre los asuntos cotidianos, prepararse para las clases, ir de compras, jugar con los niños, hablar con mi esposa y mis obligaciones religiosas con Dios. Lamentablemente, en la tradición católica algunas teologías respecto del celibato asumen estos puntos de vista y por consecuencia sugieren que el celibato comprometido, al estar libre de las distracciones del matrimonio y los hijos, puede ayudar más a amar a Dios.

La segunda consecuencia de un Dios aislado es, porque en este punto de vista Dios es un ser que no vive en mi mundo mi encuentro con Dios será sólo de manera fugaz. La experiencia de Dios será indirecta y breve. Según este punto de vista, solamente puedo encontrarme con Dios tras haber rezado o recibido los sacramentos, o algo por el estilo. Entiendo que mi vida es esencialmente profana y pocas veces estoy en contacto con lo sagrado. Mi vida espiritual será un vano esfuerzo por tratar de santificar mi vida. Esta espiritualidad en episodios se ve apoyada por la tendencia a imaginar que la gracia divina es una especie de gasolina espiritual, y que la Iglesia y sus ministros son distribuidores de gracia sacramental. Hace muchas décadas, Teilhard de Chardin se dio cuenta de la preponderancia de este punto de vista, y escribió lo siguiente:

Yo no creo que exagere al decir que nueve de cada diez cristianos creen que el trabajo humano siempre es un "obstáculo espiritual". A pesar de tener buenas intenciones y de agradecer a Dios por cada nuevo día, la mayoría de los creyentes cree que pasar el tiempo en la oficina, en el campo o en la fábrica, es tiempo que debería ser dedicado a rezar y a la adoración. Da-

mos por hecho que es imposible dejar de trabajar. Por lo tanto, es imposible tratar de tener la misma vida religiosa que pueden ejercer quienes disfrutan del tiempo libre para poder rezar o predicar el día entero. Una persona puede apartar parte del día para Dios, pero la mayoría de nuestro tiempo es gastado, sino devaluado, por los quehaceres cotidianos. Debido a esto, muchos católicos viven una vida doble o defectiva: tienen que deshacerse de la vestimenta humana para verse como cristianos... cristianos inferiores.[2]

Para contrarrestar este punto de vista tan común, debemos examinar más a fondo el significado de la doctrina de la Trinidad.

PREGUNTAS PARA REFLEXIONAR

¿Hasta qué punto ha influenciado su espiritualidad la idea de que Dios es un ser sobrenatural que vive en otro mundo?

¿De qué manera afecta este punto de vista nuestras relaciones familiares o laborales?

Dios como la superabundancia del amor

En el siglo cuarto, el Concilio de Nicea declaró que la Palabra encarnada, Jesús, era "el mismo ser" (*homoousios*) que el Padre. Esta afirmación, fundamental para poder entender la Trinidad, no puso en riesgo la creencia en la unidad de Dios, sino que propuso que como cristianos vemos la unidad de Dios no como el superser individual autocontenido sino como Dios cuya misma esencia es una relación amorosa. La unidad de Dios es expansiva y se basa en relaciones. Ese Concilio reconoció que lo fundamental para la fe de los primeros cristianos era su experiencia de Dios que revelaba lo profundo del convenio de amor en la persona de Jesús de Nazaret. Ellos experimentaban a Jesús como la expresión concreta del amor que Dios les tenía. Conocían al Espíritu Santo tanto en el ambiente divino en el cual se podían encontrar con Cristo y el poder divino que permitía estar en comunión con Dios en unión con Cristo. La emergente doctrina trinitaria le dio forma al encuentro entre la persona cristiana y Dios. Dios ya no era un ser lejano que mandaba a intermediarios divinos, sino que los cristianos experimentaban a Dios como la fuente de superabundancia del amor por medio de Jesús de Nazaret y realizada por el Espíritu Santo. Al ocurrir esto, Dios invitaba al creyente a transformar su relación con él a cada momento. El diagrama a continuación ilustra esto.

Padre ➞ Palabra ➞ Espíritu

Demonstración de Amor ➞

Concebir la vida trinitaria de Dios como un divino momento hacia nosotros manifestada por medio del amor dirige a la comprensión de la doctrina trinitaria, llamando lo mismo que Dios es, lo que Dios está por ser, es amor, una relación generosa de su parte. Dios no solamente *tiene* una relación amorosa con nosotros, sino que Dios *es* una relación amorosa. Esto quiere decir que debemos parar de pensar que Dios es un ser cuya gracia debe ser importada a nuestro mundo. Dios es el santo misterio que hace posible que el mundo exista. Dios existe como un ser-en-comunión. Dios no es un ser divino que vive lejos de nosotros en su propio mundo. Hay simplemente un movimiento dinámico de amor que *es* Dios en quien "vivimos, nos movemos y existimos" (Hechos 17,28). Este marco tiene fuertes raíces bíblicas. San Pablo escribe:

…al darnos el Espíritu Santo, Dios ha derramado su amor en nuestros corazones. Nosotros estábamos incapacitados para salvarnos, pero Cristo murió por los impíos en el tiempo señalado.

Es difícil dar la vida incluso por u...
hombre de bien; aunque por una perso-
na buena quizá alguien esté dispuesto a
morir. Pues bien, Dios nos ha mostrado
su amor ya que cuando aún éramos pe-
cadores Cristo murió por nosotros.

ROMANOS 5,5-8

Los textos de San Juan también indican
que Dios no es un ser entre cuyas carac-
terísticas (misericordia, generosidad, compasión) podemos incluir "amoroso", sino que
es la misma esencia del amor.

Hermanos queridos, amémonos los
unos a los otros, porque el amor pro-
cede de Dios. Todo el que ama ha na-
cido de Dios y conoce a Dios. Quien
no ama no conoce a Dios, porque Dios
es amor. Nadie ha visto jamás a Dios,
si nosotros nos amamos los unos a los
otros, Dios permanece en nosotros y su
amor ha llegado en nosotros a la per-
fección. Y nosotros hemos conocido y
creído en el amor que Dios nos tiene.
Dios es amor, y el que permanece en el

amor permanece en Dios, y Dios en él.
Si alguno dice: "Yo amo a Dios", y odia
a su hermano, es un mentiroso; pues
quien no ama a su hermano a quien ve,
no puede amar a Dios a quien no ve. Y
nosotros hemos recibido de él este man-
dato: que el que ama a Dios, ame tam-
bién a su hermano.

1 JUAN 4,7-8.12.16.20-21

La tradición bíblica nos dice que el amor no solamente es una característica de Dios, sino que es Dios mismo. Este punto de vista ha sido expresado por grandes intelectuales católicos. San Agustín lo expresó cuando dijo que Dios "nos conoce mejor que nosotros mismos nos conocemos". Santo Tomás de Aquino mantuvo que la creación no era un evento lejano sino que era una relación continua con Dios. De nuevo, otro diagrama nos puede ayudar.

San Buenaventura en su obra clásica *El viaje del alma hacia Dios*, dice que todo el universo es una especie de sacramento. Juliana de Norwich, una monja del siglo catorce que vivía como ermita junto a una iglesia, afirmó que la doctrina trinitaria no era un misterio sino una expresión de la presencia continua de Dios en el mundo. En su obra clásica *Demostraciones*, Dios dice: "Mira, que soy Dios. Mira, que existo en todo. Mira, que hago todo. Mira, que nunca abandono mis obras, y nunca lo haré".[3] Y Teilhard de Chardin, en el mismo texto citado más arriba escribe: "Debido a la Creación y, aún más, a la Encarnación, nada en el mundo es profano para quienes saben como ver".[4]

PREGUNTAS PARA REFLEXIONAR

Su relación con Dios le hace confirmar o invalidar el punto de vista acerca de Dios como el divino origen y el amor superabundante.

¿De qué manera este punto de vista acerca de Dios cambia la forma en que usted reza?

Imago Dei: fuimos creados para estar en comunión

La doctrina trinitaria que acabamos de examinar está muy relacionada a otra doctrina de la Iglesia, que mantiene que fuimos creados a imagen de Dios. Si la esencia de Dios es una relación amorosa, y si Dios es un ser en estado de comunión, entonces también es verdad que nuestra imagen de Dios representa nuestra verdadera identidad.

Todos sentimos un vacío que nos obliga a entablar relaciones con otros y ejercer nuestra imaginación. La vitalidad de la vida humana puede ser medida usando la intensidad de nuestros deseos. Sabemos que estamos verdaderamente vivos cuando sentimos la necesidad de tener más experiencias. No hablo de un deseo falso, de las ganas de comprar algo por haber visto un anuncio. Estos tipos de deseos no son espirituales sino manipulados por empresas que nos quieren convencer que el producto 'x' finalmente nos va a satisfacer. El auténtico deseo humano no se refiere a objetos, sino que es mucho más profundo.

El deseo humano es la fuente de nuestra energía espiritual y es lo que nos empuja a entablar relaciones con otros. Queremos tener relaciones con otros porque creemos profundamente que así nos realizaremos. El libro de Génesis nos recuerda que fuimos creados a imagen de Dios. Es una manera de decir que algo vital de nuestro ser nos permite tomar parte en la vida de Dios. Cuando de verdad nos atenemos a nuestro deseo de entrar en comunión, estamos compartiendo la vida de Dios que es la fuente de superabundancia de amor y dinamismo. El problema es que los cristianos han tendido a pensar que estar en comunión con Dios entabla un camino espiritual diferente a nuestra vida cotidiana. Y sin embargo, como vimos en el estudio de la Trinidad, nunca podemos separar la comunión con Dios de la comunión con el prójimo.

Todos tenemos estas ganas de estar en comunión. Es la principal motivación, por ejemplo, de los grandes humanistas que dicen no creer en Dios pero que ayudan desinteresadamente al prójimo. Toda persona que desea ayudar a otra desinteresadamente está en comunión, aunque sea imperfectamente. Cuando accedemos a hacerle caso a este impulso espiritual, estamos participando en la vida de Dios, aunque tal vez no nos demos cuenta. He aquí un ejemplo.

Hace unos días cuando llegué a la casa del trabajo, mi esposa Diana estaba ayudando a Brian, nuestro hijo de seis años, con una tarea de arte. Estaban sentados a la mesa con lo necesario para dibujar un poster. Pero Brian estaba interesado en otra cosa: él quería construir un águila con alas movibles. Diana lo animó y le ayudó dándole papel, hilo y otras cosas. Le ayudó, dejando que él fuera quien tomara las decisiones. Ella me había dicho la noche anterior que tenía mucho que hacer el siguiente día. Aún así, ella se tomó la molestia de dejarlo todo por ayudar a Brian. Lo que ella hizo fue ponerse en comunión con Brian por el amor que le tiene y, al mismo tiempo, con Dios, quien es la fuente de todo amor.

Si podemos afirmar que Dios invita a

todos a estar en comunión, los católicos también creemos que, siendo el Cuerpo de Cristo, somos llamados a ser un sacramento vivo, o sea un instrumento de su comunión. El Concilio Vaticano II lo dijo claramente cuando declaró que "la Iglesia es en Cristo como un sacramento, o sea signo e instrumento de la unión íntima con Dios y de la unidad de todo el género humano" (*Lumen gentium #1*). La Iglesia no existe por sí misma sino para ayudar a toda la humanidad a estar en comunión con Dios y consigo misma.

PREGUNTAS PARA REFLEXIONAR

¿Puede recordar de algunas veces en las cuales usted se haya encontrado en comunión con familiares, amigos, compañeros de trabajo o desconocidos?

¿Por qué cree que es difícil darse cuenta de la presencia de Dios en esos momentos?

Ministerio pastoral:
la vida en comunión

✠ ✠ ✠

Examinemos ahora el ministerio cristiano a través de la amorosa comunión que es Dios y conforme la creencia de que fuimos creados a imagen y semejanza de Dios. Después de todo, la meta del ministerio cristiano es facilitar la vida de comunión, en sus diversas formas, que Dios quiere que sigamos.

El ministro como mistagogia

Gracias a la integración del catecumenado en el ministerio de un mayor número de parroquias, muchas se han familiarizado con el término *mistagogia*. En el catecumenado, mistagogia se refiere a la iniciación de los neófitos, los recién bautizados, en los misterios de la fe. Estos misterios no son solamente una colección de verdades, sino que se basan en la creencia de lo que Dios ha hecho por nosotros mediante Jesús de Nazaret.

Creo que casi todos los ministerios cristianos tienen una dimensión mistagógica. Esto ocurre cuando le pedimos a alguien entregarse a Dios, ya sea por medio de los sacramentos, catequesis, prédica o un encuentro personal. La mistagogia también implica que Dios no se encuentra en un mundo separado del nuestro, sino que toma parte en él.

Lo que estoy diciendo es que los ministros cristianos no nos acercan a Dios. Todas las personas ya han experimentado la presencia de Dios, aunque no se hayan dado cuenta. No hay persona que haya vivido que no haya recibido la gracia de Dios. Y sin embargo, el recibir la gracia no quiere decir que uno no tenga el poder de rechazar a Dios. Nuestra primera tarea es ayudar a la gente a darse cuenta que Dios siempre ha estado presente en su vida. Conforme la doctrina trinitaria, mucho antes de que nosotros buscáramos a Dios, él nos buscó; mucho antes de que encontráramos a Dios, él nos encontró. Cuando ayudamos a otros, ¡debemos recordar que Dios los ayudó antes! Nuestro deber es valernos de nuestra herencia cristiana para ayudar a otros a reconocer lo que han experimentado, y permitir que la Buena Nueva los ayude a sentir más profundamente la presencia de Dios. Cuando hablamos de la realidad del pecado humano y del amor redentor de Dios manifestado en Cristo, no hablamos de algo abstracto. Estas doctrinas, términos y conceptos tendrán sentido para quienes se hayan dado cuenta de tanto las melodías armoniosas como las disonancias que han sonado en la vida.

Voy a usar una analogía que el padre Michael Himes una vez empleó en un contexto diferente para demostrar cómo es que los sacramentos causan que haya gracia. Estoy convencido de que lo que él dice acerca de los sacramentos explica la función mistagógica del ministerio cristiano.

Imagine que está en la sala de espera de su dentista. Usted está hojeando una vieja revista sin prestarle atención a la música grabada que se oye en la sala.

De hecho, si usted se saliera del cuarto y alguien le preguntara si estaban tocando música en la sala de espera, usted diría con franqueza: "No, no escuché nada". Poco después, otro paciente se sienta junto a usted y después de un rato le pregunta: "¿Cómo se llama esa canción?". En ese momento, por primera vez, empieza a escuchar la música[5].

Esta es una responsabilidad básica de los ministros pastorales: llamar la atención de las personas para que estén conscientes de la santa presencia de Dios. Los poetas han entendido esto mejor que los teólogos. Elizabeth Barreto Browning evoca el relato de cuando Moisés ve a Dios en el arbusto ardiente y Dios le pide que se quite las sandalias porque está parado en tierra santa. Ella escribe en su poema "*Aurora Leigh*":

La Tierra está llena del Cielo,
y Dios está en cada arbusto ardiente.
pero solamente el que puede ver se
    quita las sandalias...
los demás se sientan alrededor y
    recogen zarzamoras
y se manchan sus caras naturales sin
    darse cuenta
más y más de la semejanza original...
si un hombre pudiera sentir
no sólo un día, en el éxtasis del artista,
sino todos los días, agasajo,
    ayuno o día de labor,
el significado espiritual estampado en
los jeroglíficos del mundo material,
él empezaría a pintar la tierra con alas,
y a dar reverencia a los peces y
    aves de corral,
    al buey y los árboles
y a su cuerpo humano.[6]

Así es con respecto a Dios, quien participa en nuestro mundo. Y ahí está el meollo del asunto. La condición original de la humanidad —el pecado original, digamos—, consiste en que todos estamos sentados recogiendo zarzamoras, sin darnos cuenta que se nos invita a estar en comunión.

Permítame explicar esto un poco más. Ya he dicho que la doctrina trinitaria tiene su base en la afirmación bíblica que dice: "Dios es amor". Donde el amor es verdadero, Dios está presente. Pero aún hay más. Los cristianos mantienen que Dios, mediante las enseñanzas, ministerio y particularmente el sufrimiento, muerte y resurrección de Jesús, nos reveló el patrón —la gramática, por así decirlo— de la vida amorosa. Esto también es un punto esencial de la doctrina trinitaria: no dudar que Jesús representa el amor perfecto de Dios. Consecuentemente, el ministerio de la mistagogia debe consistir en ayudar a quienes socorremos a darse cuenta de las veces que han presenciado el amor divino. Debemos ayudarlos a darse cuenta de las veces que actuaron desinteresadamente en lugar de ser egoístas y avaros, fue debido al amor de Dios. Tales momentos de gracia pueden consistir en algo tan sencillo como ayudar a su niño a dormir; hablar toda la noche por teléfono con un amigo que tiene problemas; cambiar los pañales del bebé;

ayudar a un cliente más allá de lo esperado. El creer que la Trinidad nos revela a un Dios cuya esencia es la comunión divina quiere decir que podemos estar seguros de que cada vez que posponemos nuestros deseos para ayudar al prójimo, estamos compartiendo la vida divina.

Thomas Merton habló una vez sobre el profundo cambio que él experimentó como monje. El resultado fue que dejó de pensar que un monje debe abandonar el mundo. Merton, uno de los escritores de temas espirituales más famosos del siglo veinte, habló de su dramática conversión al catolicismo en la obra clásica *The Seven Storey Mountain*. En esta obra, Merton señaló que su transformación espiritual consistió en dejar el mundo por la seguridad del monasterio.

Pero más tarde empezó a tener dudas de su vocación. Su salud era delicada y de vez en cuando tenía que ver a un doctor en Louisville. Durante una de sus visitas a Louisville, tuvo una experiencia dramática en una esquina en el centro de la ciudad. Ahí, mientras Merton estaba viendo a todos los desconocidos que ambulaban, tuvo una sensación mística de unión con ellos. Se dio cuenta de que su actitud separatista era una ilusión peligrosa. Aún así, admitió que ser monje conllevaba cierta distinción, "ya que le pertenecemos a Dios. Y aunque todos le pertenecen también, nosotros estamos conscientes de ello y lo profesamos". Tiempo después se maravilló al pensar acerca del milagro de la dignidad humana. "¡Si tan sólo todos pudieran darse cuenta de esto! Pero no puede ser explicado. No hay manera de explicarle a la gente que todos brillan como el sol".[7] Merton se dio cuenta de la naturaleza de la mistagogia, que consiste en explicarle a la gente que "¡todos brillan como el sol!"

PREGUNTAS PARA REFLEXIONAR

¿Cree usted que la mayoría cree que "brillamos como el sol"?

¿Hay aspectos de nuestra cultura (por ejemplo, nuestra dependencia en la tecnología y los excesos del consumismo) que no nos permiten darnos cuenta de la presencia de Dios en los actos más ordinarios de la vida cotidiana?

El ministro como testigo contemplativo de la vida

Hay un supuesto dicho de San Francisco de Asís que dice: "Siempre predica el Evangelio y si es necesario usa palabras". Nuestro ministerio depende mucho de nuestro carácter. Esto quiere decir que debemos vivir en comunión. Para ayudar a otras personas a darse cuenta de la gracia en sus vidas, debemos poner atención a los momentos de genuina comunión en nuestras vidas. Esto requiere que el ministerio sea más o menos contemplativo. Esto es algo que asociamos con monjes o santos, pero yo empleo la palabra en un sentido más fundamental. María, la Madre de Jesús, fue una contemplativa. Ella reflejó sobre todo lo maravilloso que estaba experimentando. Nosotros debemos de ser contemplativos de la misma manera. Debemos poner atención a la presencia sigilosa de Dios, y debemos estar más conscientes de nuestra participación en la vida en comunión, para así poder ayudar mejor a otras personas a estar en comunión.

Pero lo más importante es que estemos sanos. Santo Tomás de Aquino dijo que "la gracia depende de la naturaleza". En otras palabras, la gracia de Dios se manifiesta de acuerdo a nuestra disposición. Podemos ser mejores ministros si estamos sanos. Pero, ¿qué significa estar *sano*? Primero, podemos mencionar la importancia de la autoestima. No se puede ser un buen ministro si no tenemos una imaginen positiva de nosotros que nosotros mismos hemos definido. Muchos ministros obran de acuerdo a lo que creen que la gente espera de ellos en lugar de hacerlo conforme su verdadero ser. Los ministros deben sentirse cómodos consigo mismos, sin ignorar sus defectos. Deben tener autoestima y, más que nada, no dudar que Dios los ama incondicionalmente. Deben estar conscientes de sus defectos sin dejarse controlar por ellos. Deben poder establecer relaciones Como lo pone Richard McBrien:

Las personas con problemas mentales casi siempre les asignan sus problemas a otras. Si un ministro tiene una patología de sentido de culpa, no se sentirá satisfecho hasta que su "cliente" pastoral se sienta igualmente de culpable acerca de algún comportamiento humano.[8]

Debemos estar muy conscientes de las maneras en que un ministro puede atraer a las personas que desean sentirse necesitadas por otras. Tales personas pocas veces pueden poner límites a sus deberes, por lo que acaban trabajando demasiado y perdiendo la pasión por su ministerio. Por otra parte, las personas que nos han influido más han tendido a ser personas con defectos que aún así tenían un aspecto positivo de la vida. Y son buenos ministros porque su sana vida atrae a otras y no por su talento.

Durante mis estudios en la Universidad de Texas, recuerdo un momento especial en mi desarrollo espiritual cuando conocí al ministro católico de la universidad. Al principio me influenció su presencia durante la

Misa, su maestría de la teología en las clases para adultos y su pasión por predicar. Pero lo que más me influenció fueron las charlas informales que tuvimos en el centro de estudiantes católicos y jugando frontón. La integridad de este sacerdote me impresionó mucho más que sus conocimientos teológicos. Así se dan muchos casos entre los ministros pastorales: nuestro carácter y personalidad afectan nuestro ministerio tanto como nuestras obras.

Preguntas Para Reflexionar

Hemos dicho que los ministros deben ser personas sanas. ¿De qué manera cree usted que el estar sano sicológica y emocionalmente influyen en nuestra salud espiritual?

El ministro como profeta

Si todas las personas se encontraran con Dios en la vida cotidiana, no necesitaríamos un ministerio cristiano. Siendo la imagen y semejanza de Dios se nos pide que vivamos en comunión. Pero aún así, muchas veces rechazamos este llamado y preferimos vivir aislados, como si fuéramos el centro del universo. Esto es una negación de nuestra verdadera humanidad.

¡Muchas veces se ha dicho que el pecado original es la única doctrina cristiana que se puede comprobar! Debido a la deficiente manera en que fue formulada por San Agustín, muchos creyentes hoy día la ignoran. Creo que esto es un gran error, ya que la doctrina del pecado original nos dice sin duda que vivimos enajenados de la vida de gracia.

A veces no se trata que ignoramos la música sino de que *decidimos* no escucharla porque le estamos dando demasiada atención a otra cosa. Muchas veces no basta *percibir* la gracia de Dios, sino que debemos ser transformados. Tal vez San Agustín —quien dijo que el pecado era un "deseo desordenado"— le atinó, después de todo. Él concluyó que el problema fundamental del ser humano era desear lo indebido por razones indebidas. No es que fuera malo desear los objetos de este mundo (aunque no pensaba así acerca de la sexualidad), sino el desearlos para satisfacer nuestras necesidades espirituales. Esto me hace pensar en mi amor por aparatos electrónicos y mi tendencia a pensar que mi esposa solamente existe para satisfacerme. Cuando veo la manera en que nuestra cultura inventa la idea de que necesitamos comprar ciertos productos para apaciguar una necesidad inventada por la publicidad, pienso que San Agustín tal vez tuvo la razón.

Vivimos en un mundo donde Dios siempre está presente; aún así, debemos estar más atentos a su presencia. En la Biblia, esto es llamado *metanoia*. No podremos percibir la presencia de Dios en la vida cotidiana hasta que por medio de su gracia nuestro deseo máximo se convierta en descubrir a Dios. Robert Barron lo explica muy bien:

El punto de partida ideal es un sentido claro de que el pecado original y nuestra semejanza a Dios van mano a mano, ya que si no hubiera pecado, la metanoia no sería necesaria, y si no hubiera un Dios, sería imposible.[9]

El ministro cristiano debe tratar de sanar nuestra condición humana, que es lo que llamamos pecado original. Debido a nuestro pecado, debemos cambiar de corazón para poder encontrar a Dios. Consecuentemente, el ministerio cristiano hace uso de la narrativa (los relatos de la Buena Nueva, historias de los santos), arte sacro, simbolismo y rituales e incluso de la doctrina eclesial para así ayudar a las personas a percibir nuevas posibilidades. Le pedimos a la gente que participe en las actividades cristianas de la comunidad —la liturgia, dar limosna y luchar por la justicia social— porque creemos que estos elementos de nuestra gran tradición pueden ayudar a transformar a quienes verdaderamente desean estar en la presencia de Dios. Por esto el ministerio mistagógico requiere una dimensión profética. El ministro debe señalar cualquier cosa que pudiera impedir la vida en comunión.

La tradición cristiana ha tendido a mantener que el pecado es la transgresión de la ley, ya sea esta la ley eclesial, natural o divina. Pero existe otra manera de percibir la ley. La antigua comunidad cristiana llamó *oikonomia* (de donde proviene la palabra *economía*) a la obra de Dios manifestada por medio de Jesús y el Espíritu Santo. Pero la palabra griega *oikonomia* es una combinación de dos palabras: *oikos*, que significa *hogar*, y *nomos*, que significa *ley*. La economía de Dios nos revela la manera en que él mantendría su hogar. La ley que debe regir en el hogar de Dios es la vida de comunión. Esta vida se caracteriza por la caridad, justicia, generosidad y cooperación. Dentro de este contexto, el pecado se refiere a la negación de esta vida en comunión. Esto ocurre cuando tratamos a las personas como si fueran objetos y nos consideramos lo máximo. El pecado ocurre cuando debido a nuestro miedo tratamos como demonios a los desconocidos, ya sean personas de otra raza, clase o preferencia sexual. El pecado indica la imperfección de la condición humana. Además, estos obstáculos a vivir en comunión son parte del sistema, o sea que existen estructuras en las instituciones que perpetúan la injusticia y niegan a las personas los derechos humanos básicos y dignidad que les corresponde por ser hijos de Dios. El ministro debe declararse en contra de estas injusticias.

Esta imperfección del ser humano no se limita al ámbito moral. Hay otras cosas aparte del pecado que pueden inhibir nuestra habilidad para vivir en comunión con Dios y el prójimo. La sicología y ciencias sociales pueden ayudarnos mucho en esto. La sociología nos puede ayudar a darnos cuenta del significado de las estructuras sociales, tales como la familia y las instituciones educativas. Han sido ampliamente documentados los efectos que han tenido en las relaciones humanas los hogares sin padre o madre, las pandillas, las adolescentes que tienen niños, el abuso de drogas y las malas escuelas. La sicología complementa a la sociología al indicar las heridas que yacen en la mente humana y que impiden su maduración. Las investigaciones más recientes indican que el abuso de drogas y alcohol puede manifestarse en actitudes que niegan el valor de la vida. Los estudios de antropología cultural enfatizan el importante papel que las estructuras culturales y étnicas juegan en las relaciones que entablamos. Además, lo que profundiza tanto nuestra condición es que tanto los factores morales como los no morales (como la adicción) están plenamente entrelazados. ¿Cómo podemos separar lo moral de lo no moral cuando un alcohólico le pega a su mujer?

Debido a nuestra condición humana, el ministro cristiano debe combinar la mistagogia con la profecía. Aunque es importante que las personas puedan darse cuenta de las veces que han vivido en comunión, también es esencial que se den cuenta de las veces que sus actos tanto pecaminosos como comunes han impedido la comunión. Este ministerio profético tiene su base en el Antiguo Testamento. Por ejemplo, cuando Amós denunció la manera en que los ricos maltrataban a los pobres. Jesús también ejerció el ministerio profético. Él sabía que la comunión humana podía ser impedida o hasta erradicada por la pobreza, el ostracismo, el poder y el privilegio. Jesús condenó sin piedad todo lo que oprimía al espíritu humano. Debemos seguir su ejemplo.

Preguntas Para Reflexionar

¿Cree usted que el sentirse-bien que la sociedad tiene por la comodidad dificulta el ejercicio del ministerio profético?

El ministro como presencia sanadora y misericordiosa

Debemos entender que el ministerio consiste en ayudar a quienes sufren a vivir en comunión. El sufrir demasiado no permite que la persona viva en comunión. Wendy Farley habla de lo que ella denomina "sufrimiento extremo".

> *El sufrimiento extremo ocurre cuando la situación es tan mala que nuestro ser es afectado… Este sufrimiento extremo reduce la habilidad de la persona de ejercer su voluntad, de sentir cariño, de tener esperanza, de amar a Dios… Cuando uno sufre en extremo el alma se encuentra tan debilitada que ya no puede resistir a la maldad. La destrucción del hombre humano es tan total que se pierde toda la dignidad.*[10]

Las personas que se han dado por vencidas debido a su sufrimiento tienden a decir que se sienten indefensas y derrotadas. Han perdido la habilidad de tener relaciones amorosas, no debido al pecado sino a los efectos del dolor y el sufrimiento. Las dificultades cotidianas se han convertido en verdaderas crisis. Uno a veces tiene problemas que solamente son una molestia, mientras que otras veces son algo grave. Pero en cualquier caso se pueden resolver. Una crisis es algo diferente. Cuando alguien está en crisis, lo que se necesita no es una solución sino una presencia. Scott Gustafson escribe:

Una crisis demanda los recursos que generalmente empleamos para resolver problemas. Muchas veces un divorcio o la muerte de un cónyuge causan una crisis porque la persona que ya no está presente ayudaba con tareas difíciles como criar a los niños, ganar el sustento o servir de ancla emocional. En otras palabras, un divorcio o una muerte es una crisis porque ya no es posible resolver un problema como antes.[11]

Puede que esto no sea la observación más fundamental del ministerio pastoral. Muchas veces los que ejercemos un ministerio lo hacemos precisamente porque somos buenos para resolver problemas. En nuestras propias familias somos conocidos como los conciliadores, y en el ministerio demostramos con ganas nuestras habilidades. Aunque ya hemos hablado de la importancia de que el ministro sea alguien sano, es importante que también estén conscientes de sus heridas. Al haber sufrido y sentido soledad, sus heridas pueden convertirse en ventajas. Estas heridas pueden ser fuentes para el ministerio cristiano que sirvan para nutrir nuestra compasión y solidaridad con los que sufren emocional, física y psicológicamente. Esta ha sido una de las observaciones principales de los programas de *Doce pasos* y sus mentores. El mentor ayuda al adicto no porque su nivel moral sea más alto, sino precisamente porque él está viajando por el mismo camino. Henri Nouwen dijo que al ser humilde y reconocer sus faltas, el ministro puede convertirse en un "doctor herido".[12]

Muchas veces, los que sufren no entienden lo que significa el ministerio porque ellos buscan respuestas que tengan sentido.

La gente quiere creer que el sufrimiento tiene un propósito. Y sin embargo, los ministerios cristianos muchas veces no pueden, por más que quieran, hallar las causas del sufrimiento. Aunque los que sufren profesan querer saber por qué sufren, puede ser que lo que *necesiten* sea algo totalmente diferente. Los que sufren tal vez no necesitan una solución a sus problemas sino una comunidad que los apoye. Si tanto sufrimiento destructivo es causado por la falta de sentido, lo que se necesita es un ministro que le asegure al que sufre que su vida, no necesariamente su sufrimiento, tiene sentido. La gente debe poder contar los antecedentes de su dolorosa condición a un ministro que responda hablando sobre la compasión de Dios presente en la persona de Jesús.

Este ministerio de compasión es una especie de ministerio sanador, que se basa en el ministerio de Jesús. Muchas veces nuestra noción del ministerio sanador de Jesús se ha enfocado en lo milagroso. Pero tal vez el acto sanador más importante que Jesús haya obrado no fue sanar extremidades o la vista, sino haber aceptado incondicionalmente a toda persona que conoció. Jesús fue muy perspicaz en sus relaciones. ¿No habrá sido sanadora su amistad con María y Marta, quienes eran ciudadanas de segunda clase debido a su sexo? ¿No habrá sido un acto sanador lo que transformó a obreros analfabetos en valientes testigos de la fe cristiana? Si lo que la Buena Nueva dice es verdad, Jesús sanó a otras personas por su poderosa presencia más que por sus milagros dramáticos. El ministro pastoral de hoy debe fomentar la reconciliación siguiendo el ejemplo de Jesús, sin olvidar que el método sanador más eficaz es la compasión y atención.

Pregunta Para Reflexionar

¿Por qué cree usted que es difícil resistir la tentación de ayudar a otros a resolver sus problemas?

El ministro como
persona de esperanza

Tarde o temprano, todo ministro se pregunta si su obra vale la pena. Lo que muchas veces falta es el aprecio por lo que podríamos llamar la dimensión escatológica de la vida en comunión. Esto quiere decir que solamente podremos vivir totalmente en comunión durante el *eschaton*, la culminación de la historia, cuando la paz de Dios reinará y "entonces harán de sus espadas arados" y el león se recostará con el cordero (ver Isaías 11,6). Hasta entonces, seremos peregrinos propensos a experimentar bendiciones y tragedias, y tragedias que han sido bendiciones. En este mundo, nunca llegaremos a vivir en plena comunión. Nuestro ministerio solamente puede lograr victorias parciales y una multitud aparente de derrotas. Para poder seguir siendo ministros, debemos tener una genuina esperanza basada en la oración y la comunidad cristiana. El ministerio siempre debe resistir la tentación de llevar cuenta de cuántas almas han sido salvadas en nombre de Cristo.

La importancia que la esperanza juega en el ministerio cristiano es descrita conmovedoramente en la novela *North of Hope* de Jon Hassler. La novela es acerca de un sacerdote de mediana edad que lucha por volver a encontrar la razón de su vocación. El sacerdote dice que padece de una "gotera espiritual". Después de ser asignado a una misión ubicada en una reservación para indios en Minnesota, él descubre que la comunidad está por desaparecer. Entonces se da cuenta de que la verdadera razón de su misión es la de supervisar el fin de una pequeña misión que ha dejado de servir a su propósito.

Al mismo tiempo, él descubre que la esposa del doctor en la reservación es la misma mujer de la que el sacerdote se había enamorado antes de entrar al seminario, unos veinte años antes. El matrimonio las está pasando muy mal. Para ella, la reservación y todo lo que representa está más allá de la esperanza. El cambio ocurre cuando una vieja amiga de la familia acude al sacerdote para confesarse y admite que creyendo que hacía bien, le había mentido años antes cuando le dijo que su madre, en su lecho de muerte, le había dicho que su último deseo era que su hijo fuera sacerdote. De hecho, ella solamente había deseado que su hijo *deseara* ser sacerdote. Tras escuchar la confesión, el sacerdote se sorprende al darse cuenta que no se siente devastado. Se da cuenta que quiere estar seguro de lo que desea. Así, se da cuenta del valor de su ministerio por el simple poder sanador que su presencia crea. Al fin de cuentas, se da cuenta de que la esperanza no está más allá de la esperanza, ya que "la esperanza existe dondequiera que uno lo desee".[13] Esta esperanza es posible solamente al aceptar nuestro humilde lugar en los planes de Dios.

Como el sacerdote en la novela de Hassler, los ministros pueden prevenir la falta de interés en su ministerio si mantienen sus raíces firmemente plantadas en donde se encuentren. Esto requiere tener confianza en el plan de Dios y contribuir humildemente al plan. El ministro que tiene esperanza en Cristo puede ejercer su vocación sabiendo con seguridad que en el futuro los destinos de la humanidad y de Dios se unirán algún día.

PREGUNTAS PARA REFLEXIONAR

¿Alguna vez ha sido presionado para demostrar concretamente el éxito de su ministerio?

¿Cómo logra mantener la esperanza?

Conclusión

✠ ✠ ✠

El gran teólogo jesuita Karl Rahner una vez dijo algo que causó controversia. Él dijo: "el cristiano que no sea un místico en el futuro, no será cristiano".[14] Al hablar de un "místico" él no se refería a quienes tienen extraordinarias visiones o algo por el estilo, sino a los cristianos que podían percibir la presencia de Dios en la vida cotidiana. En este librito he tratado de explicar que la doctrina trinitaria nos enseña, si no otra cosa, que Dios no es un ser que está lejos de nosotros. Nuestro Dios es la fuente de la superabundancia del amor, que por lo tanto es la base de nuestra existencia. Ya que fuimos hechos a imagen y semejanza de Dios, nuestra tarea consiste en aprender a vivir en comunión con Dios y nuestro prójimo. En esto consiste nuestro destino humano. Quienes somos ministros pastorales, debemos ser

mistagogos y profetas, contemplativos y
portadores de compasión divina, personas
llenas de esperanza y, más que nada, dedi-
carnos totalmente a la vida en comunión
como nos lo pide Dios. Se nos ha pedido
que ayudemos al pueblo a descubrir tanto la
riqueza de nuestra tradición como a Dios,
quien acompaña al pueblo en su transformación espiritual. Quienes participan en la fe
comunitaria podrán convertirse en místicos
que experimenten "al Dios genuino que
emerge de nuestros corazones".

Bibliografía

✠ ✠ ✠

1. *General Directory for Catechesis,* párrafo #100. Congregation for the Clergy. USCC. Washington, D.C., 1997.
2. *The Divine Milieu,* págs. 65-66. Theilhard de Chardin. Harper & Row. New York, 1969.
3. *Manifestations of Grace,* pág. 109. Como lo citó Elizabeth Dreyer en este libro. Glazier. Wilmington, 1990.
4. *The Divine Milieu,* pág. 66. Theilhard de Chardin.
5. *Priesthood in Modern World: A Reader,* "Making Priesthood Possible: Who Does What and Why?" Ed. Karen Sue Smith., pág 41. Michael Himes. Sheed & Ward. Franklin, Wis., 1999.
6. *Mrs. Browning's Complete Poetical Works,* "Aurora Leigh". Libro VII, líneas 821-826, 857-864. Elizabeth Barret Browning. Cambridge Edition, Houghton, Mifflin and Co. Boston and New York, 1900.
7. *Conjectures of a Guilty Bystander,* págs. 156-157. Thomas Merton. Doubleday. Garden City, 1966.

8. *Ministry,* pág. 55. Richard McBrien. Harper & Row. San Francisco, 1987.

9. *And Now I See: A Theology of Transformation,* pág. 22. Robert Barron. Crossroad. New York, 1998.

10. *Tragic Vision and Divine Compassion: A Contemporary Theodicy,* págs. 53-55. Wendy Farley. Westminster John Knox Press. Louisville, 1990.

11. *Scottish Journal of Theology,* "From Theodicy to Discipleship", pág. 219. Scott Gustafson. 1992.

12. *The Wounded Healer.* Henry J.M. Nouwen. Image Books. Garden City, 1972.

13. *North of Hope,* pág. 498. John Hassler. Ballantine. New York, 1990.

14. *Theological Investigations,* "The Spirituality of the Church of the Future", vol. 20, pág. 149. Karl Rahner. Crossroad. New York, 1981.